Ainsi qu'une mere au peril de sa vie

surveille et protege son unique enfant,

Ainsi avec un esprit sans limite doit-on cherir

toute chose vivante. (Bouddha)

J'ai appris tellement de leçons de vie magnifiques et puissantes qui ont changé mavie en étudiant le bouddhisme et en lisant de nombreuses citations de Bouddha . Voici 25 leçons de vie à apprendre de Bouddha

1. L'amour guérit tout.

« Jamais la haine ne cesse par la haine ; c'est la bienveillance quiréconcilie. »

2. Ce n'est pas ce que vous dites mais ce que vous faites quidéfinit qui vous êtes.

« Ce n'est pas un homme sage parce qu'il parle beaucoup ; mais celui qui est calme, affectueux et courageux est appelé sage. »

« Un chien n'est pas considéré comme un bon chien parce qu'il est bon aboyeur. Un homme n'est pas considéré comme un homme bien parce que c'est un bon orateur. »

3. Le secret d'une bonne santé est de vivre pleinement l'instantprésent.

« Ne vous attardez pas sur le passé, ne rêvez pas de l'avenir,concentrez votre esprit sur le moment présent. »

« Le secret de la santé, autant pour le corps que pour l'esprit, c'estde ne pas pleurer sur le passé, ne pas s'inquiéter du futur, ni anticiperles problèmes… mais de vivre dans le moment présent, sagement et sincèrement. »

4. Qui regarde à l'intérieur s'éveille

« Le chemin n'est pas dans le ciel. Le chemin est dans le cœur. »

5. Les mots ont le pouvoir à la fois de blesser et de guérir.

« Les mots ont le pouvoir de détruire ou de guérir ; lorsqu'ils sontjustes et généreux, ils peuvent changer le monde. »

6. Lâchez prise et les choses vous reviendront éternellement.

« Vous ne perdez que ce à quoi vous vous accrochez. »

7. Personne ne peut marcher sur votre chemin pour vous.

« Personne ne peut nous sauver à part nous-mêmes. Personne ne lepeut et personne ne le fera pour nous. Nous devons marcher nous- mêmes dans notre propre voie. »

La suite des citations sur :
http://w2.wdat.info

Notes

Ainsi qu'une mere au peril de sa vie

surveille et protege son unique enfant,

Ainsi avec un esprit sans limite doit-on cherir

toute chose vivante. (Bouddha)

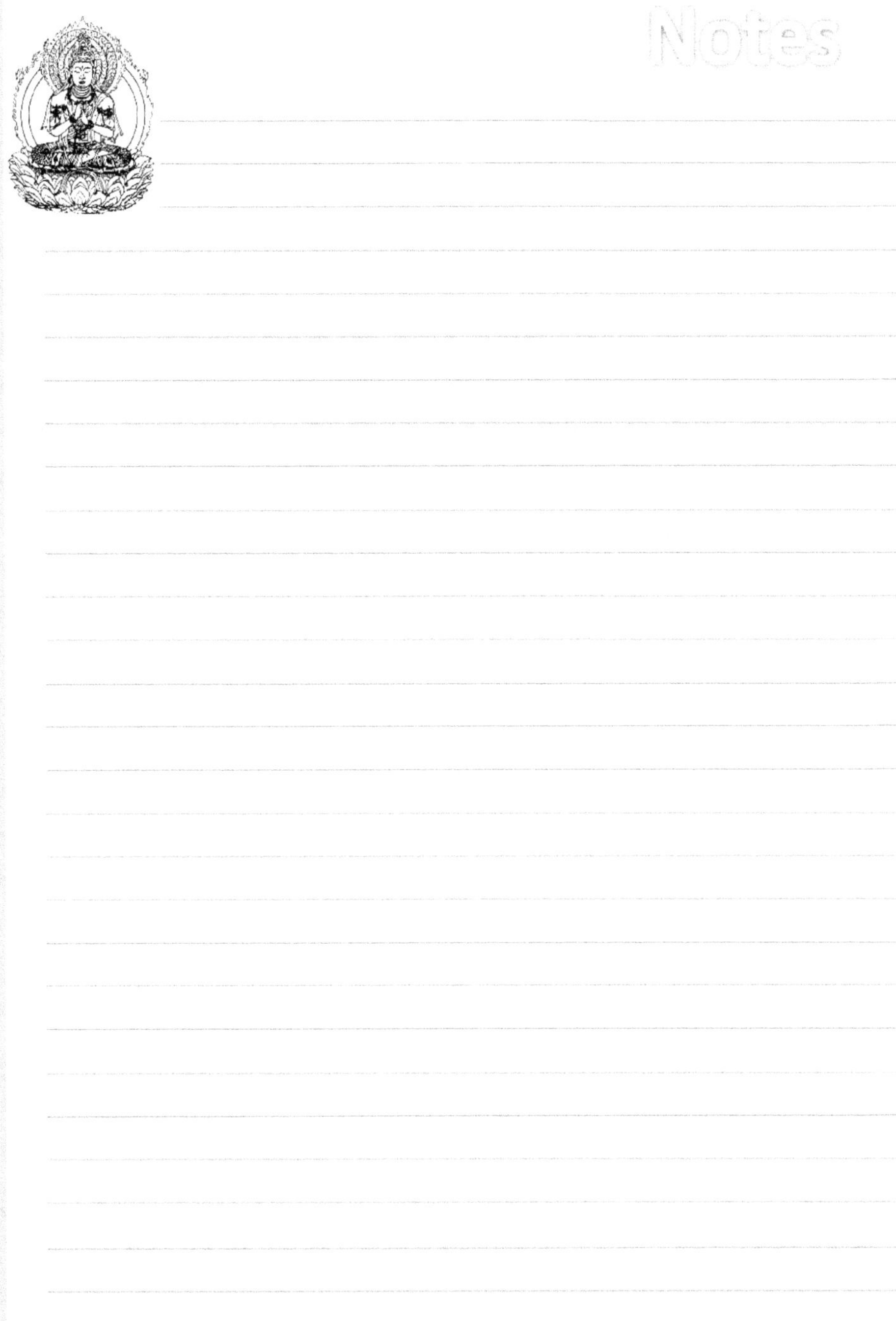

Notes

La nature de tout phenomene, de toute apparence, est semblable au reflet de la lune sur l'eau. (Bouddha)

Notes

Tous les composes sont impermanents.

Quand vous percevez cela par

l'intuition vraie alors, vous vous

detachez de la souffrance.

(Bouddha)

Notes

Sans fin et sans naissance, ni neant

ni eternit , Cela ne vient ni ne s'en

va et n'est ni Un ni multiple.

(Bouddha)

Ne rejette pas les apparences car

elles sont le rayonnement de l'esprit

lui-meme. (Gampopa)

Notes

Tout ce que vous percevez est meprise
et n'existe pas vraiment. Le samsara
et le Nirvana ne sont que des idees.
(Patrul Rinpotche)

Le bruit du tonnerre est terrible mais sans substance, les couleurs de l'arc en ciel ravissantes mais ephemeres. Ce monde plaisant   l'esprit n'est pourtant qu'un reve. (Milarepa)

Notes

Les sages sont non-agissants, alors que les ignorants s'enchaînent eux-mêmes. (Seng Tsan)

Notes

Si vous avez souffert, c'est juste que vous avez oublié que vous êtes une fleur, une feuille. (Thich Nhat Hanh)

Notre joie ne peut survivre sans nourriture; notre tristesse non plus, notre desespoir non plus, rien ne peut survivre sans nourriture. (Thich Nhat hanh).

Tous les phenomenes qui apparaissent en interdependance, je dis qu'ils sont vides. Les mots cessent, parce que leur message est faux. (Nagarjuna)

Notes

Quand entre soi et autrui il n'y a plus
aucune distinction, comment y aurait-il
alors Connaissance-en-soi et autre
connaissance? (Brugpa Kun legs)

Notes

La pensée du néant des choses engendre

la compassion. La compassion abolit

l'espace entre soi et les autres. L'unité de

soi et des autres réalise le bien d'autrui .

(Milarepa)

Notes

Pretendre etre inférieur a l'inferieur,

Egal a l'egal, Superieur ou égal

a l'inferieur, Cela est dit orgueil.

(Nagarjuna)

Notes

C'est parce que l'on fait un choix,

Que sa verite absolue se trouve perdue

de vue. (Sengtsan)

Ainsi qu'une mere au peril de sa vie

surveille et protege son unique enfant,

Ainsi avec un esprit sans limite doit-on cherir

toute chose vivante. (Bouddha)

Notes

Ainsi qu'une mère au péril de sa vie

surveille et protège son unique enfant,

Ainsi avec un esprit sans limite doit-on chérir

toute chose vivante. (Bouddha)

Notes

La nature de tout phenomene, de

toute apparence, est semblable au reflet

de la lune sur l'eau. (Bouddha)

Notes

Tous les composes sont impermanents.

Quand vous percevez cela par

l'intuition vraie alors, vous vous

detachez de la souffrance.

(Bouddha)

Notes

Sans fin et sans naissance, ni neant

ni eternit , Cela ne vient ni ne s'en

va et n'est ni Un ni multiple.

(Bouddha)

Notes

Ne rejette pas les apparences car
elles sont le rayonnement de l'esprit
lui-même. (Gampopa)

Notes

Tout ce que vous percevez est méprise
et n'existe pas vraiment. Le samsara
et le Nirvana ne sont que des idées.
(Patrul Rinpotche)

Notes

Le bruit du tonnerre est terrible mais sans substance, les couleurs de l'arc en ciel ravissantes mais ephemeres. Ce monde plaisant l'esprit n'est pourtant qu'un reve. (Milarepa)

Notes

Les sages sont non-agissants, alors que les ignorants s'enchaînent eux-mêmes. (Seng Tsan)

Notes

Si vous avez souffert, c'est juste que vous avez oublie que vous etes une fleur, une feuille. (Thich Nhat hanh)

Notre joie ne peut survivre sans nourriture; notre tristesse non plus, notre desespoir non plus, rien ne peut survivre sans nourriture. (Thich Nhat hanh).

Notes

Tous les phenomenes qui apparaissent en interdependance, je dis qu'ils sont vides. Les mots cessent, parce que leur message est faux. (Nagarjuna)

Quand entre soi et autrui il n'y a plus
aucune distinction, comment y aurait-il
alors Connaissance-en-soi et autre
connaissance? (Brugpa Kun legs)

La pensée du néant des choses engendre la compassion. La compassion abolit l'espace entre soi et les autres. L'unité de soi et des autres réalise le bien d'autrui.

(Milarepa)

Notes

Pretendre etre inférieur a l'inferieur,

Egal a l'egal, Superieur ou égal

a l'inferieur, Cela est dit orgueil.

(Nagarjuna)

Notes

C'est parce que l'on fait un choix,

Que sa verite absolue se trouve perdue

de vue. (Sengtsan)

Notes

Ainsi qu'une mère au péril de sa vie

surveille et protège son unique enfant,

Ainsi avec un esprit sans limite doit-on chérir

toute chose vivante. (Bouddha)

Ainsi qu'une mere au peril de sa vie

surveille et protege son unique enfant,

Ainsi avec un esprit sans limite doit-on cherir

toute chose vivante. (Bouddha)

Tous les composes sont impermanents.

Quand vous percevez cela par

l'intuition vraie alors, vous vous

detachez de la souffrance.

(Bouddha)

Notes

La nature de tout phenomene, de

toute apparence, est semblable au reflet

de la lune sur l'eau. (Bouddha)

Notes

Notes

Sans fin et sans naissance, ni neant

ni eternit , Cela ne vient ni ne s'en

va et n'est ni Un ni multiple.

(Bouddha)

Notes

Ne rejette pas les apparences car

elles sont le rayonnement de l'esprit

lui-même. (Gampopa)

Notes

Tout ce que vous percevez est méprise
et n'existe pas vraiment. Le samsara
et le Nirvana ne sont que des idées.
(Patrul Rinpotche)

Notes

Le bruit du tonnerre est terrible mais sans substance, les couleurs de l'arc en ciel ravissantes mais ephemeres. Ce monde plaisant   l'esprit n'est pourtant qu'un reve. (Milarepa)

Notes

Les sages sont non-agissants, alors
que les ignorants s'enchainent eux-
memes. (Seng Tsan)

Notes

Si vous avez souffert, c'est juste que vous avez oublié que vous êtes une fleur, une feuille. (Thich Nhat hanh)

Notes

Tous les phenomenes qui apparaissent

en interdependance, je dis qu'ils sont

vides. Les mots cessent, parce que leur

message est faux. (Nagarjuna)

Quand entre soi et autrui il n'y a plus aucune distinction, comment y aurait-il alors Connaissance-en-soi et autre connaissance? (Brugpa Kun legs)

Notes

La pensee du neant des choses engendre la compassion. La compassion abolit l'espace entre soi et les autres. L'unite de soi et des autres realise le bien d'autrui.

(Milarepa)

Notes

Prétendre être inférieur à l'inférieur,
Égal à l'égal, Supérieur ou égal
à l'inférieur, Cela est dit orgueil.
(Nagarjuna)

Notes

C'est parce que l'on fait un choix,

Que sa verite absolue se trouve perdue

de vue. (Sengtsan)

Ainsi qu'une mere au peril de sa vie

surveille et protege son unique enfant,

Ainsi avec un esprit sans limite doit-on cherir

toute chose vivante. (Bouddha)

Notes

Ainsi qu'une mere au peril de sa vie

surveille et protege son unique enfant,

Ainsi avec un esprit sans limite doit-on cherir

toute chose vivante. (Bouddha)

Notes

La nature de tout phenomene, de
toute apparence, est semblable au reflet
de la lune sur l'eau. (Bouddha)

Notes

Tous les composes sont impermanents.

Quand vous percevez cela par

l'intuition vraie alors, vous vous

detachez de la souffrance.

(Bouddha)